Sandro Birke

I0013848

Der gläserne User - Datensicherheit und Anonymität im Internet - Traum oder Realität

GRIN - Verlag für akademische Texte

Sandro Birke

Der gläserne User - Datensicherheit und Anonymität im Internet - Traum oder Realität

GRIN Verlag

Bibliografische Information der Deutschen Nationalbibliothek: Die Deutsche Bibliothek
verzeichnet diese Publikation in der Deutschen Nationalbibliografie; detaillierte bibliografische Daten sind im Internet über http://dnb.d-nb.de/ abrufbar.

1. Auflage 2003
Copyright © 2003 GRIN Verlag
http://www.grin.com/
Druck und Bindung: Books on Demand GmbH, Norderstedt Germany
ISBN 978-3-638-68375-3

Der gläserne User – Datensicherheit und Anonymität im Internet – Traum oder Realität

Einleitung

Das Internet ist mittlerweile in weite Teile unseres Lebens vorgedrungen. Es ist vergleichbar mit der Erfindung des Telefons. Anfänglich wurde es eher mit Skepsis und Befremdlichkeit betrachtet, anscheinend nur nützlich für kleine Gruppen der Bevölkerung wie Wissenschaftler, Militär oder Regierungsvertreter.

Doch schaut man sich heutzutage um, so ist es plötzlich überall. Man findet es in Büros, im Café an der Ecke, beim Friseur, in heimischen Wohn- und Kinderzimmern, selbst per Mobiltelefon kann sich der User von heute ins Netz der Netze einwählen. Immer und überall, Tag und Nacht, an fast jedem erdenklichen Ort der Welt. Die Entfernungen zwischen Ländern und Kontinenten sind nicht länger von Bedeutung, wir bewegen uns in einer von uns selbst geschaffenen Welt.

Ob geschäftlich oder privat, Tausende von Menschen gehen täglich online, man redet von einer Internet-Explosion.[1] Eine schier endlose Zahl von Möglichkeiten eröffnet sich dem User, wenn er erst einmal das Portal ins World Wide Web durchschritten hat.

Eine Email an Freunde, egal ob im Urlaub oder auf Geschäftsreise, einen elektronischen Geburtstagsgruß an die Oma, private Korrespondenz oder das Skript was bis Montag auf dem Schreibtisch Ihres Chefs liegen muss, alles wird über den Datenhighway geschickt. Man geht online einkaufen oder nimmt an Versteigerungen via Internet teil. Ihre Miete überweisen Sie per Online-Banking und werfen gleichzeitig noch einen Blick in Ihr Depot. Firmen schalten Livekonferenzen, um mit Partnern auf anderen Kontinenten Geschäfte zu tätigen, gleichzeitig speichern sie ihre Daten auf Festplatten und Rechnern die durch das interne Firmennetzwerk mit dem Internet verbunden sind.

Weit über 150 Millionen Menschen nutzen heute täglich das Internet, welche Ziele und Absichten jeder einzelne verfolgt, bleibt buchstäblich ihm selbst überlassen. So wurden zwar Normen und Regeln geschaffen, wie sich der Datenfluss zu verhalten hat und wie er funktioniert, doch was der User tut, steht unter seiner eigenen freiwilligen Selbstkontrolle.

So kommt es im Internet zu einer Vielzahl von Angriffen und Bedrohungen auf ihre Daten, oder gar auf das System ihres Rechners selbst. Angefangen mit harmlosem Spam, was dem Dosenfleisch SPAM(*Spiced Porc and Ham*) der Firma Hormel Foods[2] entliehen ist.

---

[1] hackers guide, anonymus, 1999, Seite 21
[2] http://spam.trash.net/was.shtml , 21.03.

Hierbei handelt es sich meist um unerwünschte oder unverlangte Werbemails, die wohl eher nerviger denn schädlicher Natur sind. Etwas lästiger hingegen ist dann schon sogenannte Spyware, durch die persönliche Informationen des Users an Firmen übertragen werden ohne das dieser seine Zustimmung gegeben hat.

Aber die wahrscheinlich größte Bedrohung aus dem Internet besteht durch Angriffe von sogenannten Viren, Würmern, Trojanern und Hackern.

Diese Arbeit soll in erste Line die Risiken darstellen, die sich für Sie und Ihre Daten zwangsläufig ergeben, wenn sie mit dem Internet in Berührung kommen. Es soll gezeigt werden welche die häufigsten Sicherheitslücken sind und welche Ursachen sie haben.

Aber auch die Softwarefirmen selbst stellen ein nicht unerhebliches Risiko dar auf das in diesen Ausführungen ebenfalls eingegangen werden soll.

Doch die dringendste aller Fragen ist die der Vorbeugung und Prävention, wie kann ich mich schützen und meine Privatsphäre unter so vielen Menschen erhalten. Diese Arbeit soll als Leitfaden dienen und ihnen zeigen wie sie sich sicher und anonym im Internet bewegen.

1. Das Internet

Der Grundgedanke für die Entwicklung des Internet war die Realisierung der Kommunikation zwischen der US-Regierung, den Behörden und des Militärs im Falle eines Atomkrieges. Es resultierte vor allem aus einem strategischen Interesse, weshalb sich 1962 die RAND-Corporation[1] mit der Lösung dieses Problems auseinander setzte.

Das Grundprinzip einer solchen Kommunikation lag in seiner dezentralen Struktur. Alle Knotenpunkte sollten denselben Status haben, jeder mit der Berechtigung Nachrichten zu versenden oder zu empfangen. Die Nachrichten selbst sollten dabei in einzelne Pakete aufgeteilt werden, was den Vorteil hatte, sollten einzelne Pakete verloren gehen, muss nicht die gesamte Nachricht nochmals gesendet werden sondern nur die einzelnen verlorenen Pakete. Die einzelnen Pakete sollten dabei einen individuellen Weg durch das Netz nehmen, die Route war unwichtig, Hauptsache sie erreichten ihr Ziel.

Ein weiteres Kriterium der dezentralen Struktur war die Sicherung der Funktion, auch wenn Teile des Netzes ausgefallen wären. 1969 wurden die ersten Knotencomputer in vier verschiedenen Universitäten der USA installiert und über schnelle Datenleitungen

---

[1] kalifornische Denkfabrik

miteinander verbunden, das APRA-Net[1] war geboren. Wissenschaftler waren damit erstmals in der Lage Daten und Programme über weite Entfernungen zu nutzen, 1972 existierten bereits 37 Knotenrechner.

Forscher nutzten das APRA-Net vor allem um Projekte abzusprechen oder Erfahrungen auszutauschen. Dabei wurden unter anderem die ersten Mailinglisten entwickelt.

In den 70er Jahren begann eine rasante Entwicklung des APRA-Net, neue Computer wurden angeschlossen. Es wurde ein ursprüngliches Protokoll für das Übertragen von Daten entwickelt, das sogenannte NCP[2]. Daraus entstand der noch heute bekannte und genutzte Standard des TCP/IP[3]. Dabei werden die gesendeten Daten zerlegt und am Ziel wieder zusammengesetzt, IP wird dabei benötigt, das die gesendeten Daten ihr Ziel (Route) finden.

1983 wurde das DAPRA-Net[4] komplett aus dem Netz entfernt und als MILNET weitergeführt. Fortan wurden immer weitere Benutzer und neue Netze an das APRA-Net angeschlossen, die Netzgemeinde erweiterte sich. Nicht nur Universitäten und Behörden nutzten das Netz sonder auch private Benutzer kamen hinzu. Dieser Verbund aus lokalen Netzwerken wurde Internet genannt.

Um eine Überschaubarkeit dieser Netze zu Gewährleisten wurden die sogenannten „generic-Domains" gegründet: gov, mil, edu, com und net. Gov, mil und edu standen dabei für die drei Pioniere des APRA-Net: gov für Behörden, mil für Militär und edu für Universitäten und Lehranstalten.

1989/90 wurde am Genfer CERN-Institut das sogenannte HTML[5] entwickelt. Damit kam es zu einem ungeheueren Wachstumsschub des Internet. Durch die weitere Entwicklung einer Browsersoftware realisierte man eine relativ einheitliche Darstellung der Seiten auf verschiedenen Rechnern.

Heutzutage geht man von mehreren hunderttausend Knotenrechnern aus die von mehr als 150 Millionen Internetusern genutzt werden.

---

[1] Advanced Research Projects Agency
[2] Network Control Protocol
[3] Transmission Control Protocol / Internet Protocol
[4] Militärischer Teil des APRA-Net, „D" steht dabei für „defence"
[5] Hypertext Markup Language

1.1 Nutzung im privaten Bereich

Der Kontakt mit dem Internet ist in den letzten Jahren, gerade im privaten Bereich, erheblich gestiegen. Allein in den letzten Jahren stieg die Anzahl der europäischen Haushalte die über einen Internetzugang verfügen auf über 40%. Besonders Jugendliche und junge Erwachsene zeigen ein erhöhtes Interesse an den neuen Möglichkeiten des Internet. Diese Entwicklung wurde vor allem auf Grund der in den letzten Jahren stark zurückgegangenen Zugangspreise angekurbelt. Den Trend zum Internet finden meist jüngere Leute, bei älteren Generationen sinkt die Zahl der Internetnutzer mit zunehmendem Alter ab. Was wohl daran liegt, das junge Leute gegenüber Älteren den Vorteil haben mit der neuen Technik aufzuwachsen und sich daher die Kenntnisse und Fähigkeiten im Umgang mit der neuen Informations- und Kommunikationstechnik leichter aneignen können. Der Umgang mit dem Medium Internet zählt heute zu den Schlüsselqualifikationen im Berufsleben sowie an allgemeinbildenden und beruflichen Schulen, deren Lehrpläne in zunehmendem Maße darauf ausgerichtet sind.

Die weitaus höchste Zahl der privaten Internetuser nutzt das weltweite Netz vor allem zum versenden von elektronischer Post (Email). Ein weiterer Schwerpunkt liegt in der Suche nach Informationen über Produkte oder Dienstleistungen sowie Möglichkeiten über berufliche und schulische Weiterbildung. Ein ebenfalls attraktiver Bereich sind die Dienste von Online-Reiseservices, Online-Banking und nicht zu vergessen die Möglichkeit des Online-Shoppings.

In den nächsten Jahren wird nicht nur eine zunehmende Zahl von Internetsurfern und Computernutzern zu erwarten sein, sondern auch der Ausstattungsgrad der privaten Haushalte mit Produkten der Informations- und Kommunikationstechnologie wird weiter ansteigen. Durch ständig neue Innovationen und Anwendungen im IT-Bereich werden diese neuen Produkte bald zur Standardausstattung eines durchschnittlichen Haushaltes gehören. Das Internet hat sich für einen großen Kreis von Nutzern langfristig etabliert und wird in den kommenden Jahren in weitere Anwendungsbereiche vordringen.

1.2 Nutzung im geschäftlichen Bereich

Die Nutzung des Internet für Unternehmen ist heutzutage unumgänglich geworden. Viele große Firmen haben bereits gezeigt, welchen Mehrwert und Nutzen das World Wide Web einem Unternehmen bieten kann. Auktionshäuser wie EBAY oder der Online Shop AMAZON sind dabei große Vorreiter was Vermarktung und vor allem Verkauf von Waren im Internet angeht. Das Internet bietet einem Unternehmen die Möglichkeit seine Produkte dem Kunden direkt zu Hause anzubieten, was es dem Kunden wiederum einfacher macht diese Produkte zu kaufen.

Einen nicht ganz unwesentlichen Teil des Internet macht vor allem die Werbung aus. Vielfach öffnen sich Popups und blinken Banner auf den verschiedensten Webseiten. Werbung steigert Umsatzzahlen, Werbung ist Geschäft. Um beispielsweise ein neues Produkt auf dem Markt einzuführen, bedarf es hohen Kosten für PR-Kampangnen, Anzeigen und der gleichen. Das Internet bietet hier eine preiswerte Möglichkeit um sich einen Testmarkt zu schaffen und zu sehen, was Kunden erwarten und was sie von einem neuen Produkt halten.

Die Medienbranche ist wohl die am besten vernetzte Branche, da Ihr Produkt die Information ist und sie es am einfachsten und billigsten über das Netz bekommt. Jede Zeitung und jeder TV Sender hat heute eine eigene Webseite, auf der Informationen angeboten und verkauft werden. Gleichzeitig verdienen diese Firmen wiederum durch die Werbung auf Ihren Seiten, die von anderen Unternehmen dort geschaltet werden.

Aber auch für kleinere Betriebe oder Händler, die normalerweise nur regionale Märkte bedienen können, bietet das World Wide Web eine neue Möglichkeit ihre Produkte an den Kunden zu bringen. Beispielsweise der Handel mit ausgefallenen Produkten wie Kunstreproduktionen, Aquarien oder traditionellen Handwerksartikeln gestaltet sich oft schwierig, da der Markt in der Region wahrscheinlich zu klein ist. Ich persönlich trinke gerne besonderen Tee, nicht aus Beuteln sondern richtigen losen Tee und wenn möglich eine seltene Grünteemischung aus China oder Japan. Daher gehe ich regelmäßig in meinem Teehaus einkaufen, auf Sylt, und das bequem von zu Hause aus per Online-Shopping.

2. Risiko Datenaustausch und Datenspeicherung

Das Grundprinzip des Datenaustausches im Internet beruht auf dem sogenannten Client-Server-Prinzip. Dahinter verbirgt sich der Gedanke, das ein Rechner, der Client, Informationen von einem anderen Rechner, dem Server, anfordert. Dieser liefert dann die gewünschten Daten an den Client. Dies wird umso deutlicher, wenn man das Internet auf dem eigenen Rechner nutzt. Dort ist der aktuell genutzte Browser der Client der die Daten von einem WWW-Server anfordert. In welchem Land sich dieser Server befindet, spielt dabei keine Rolle. Der Browser benötigt lediglich eine Internetadresse, die sogenannte URL, um die Daten anzufordern.

Ein nicht zu verachtendes Problem ist die Sicherung der eigenen Daten auf dem heimischen oder firmeneigenen Rechner. Man sollte vor allem darauf achten, wer Zugang auf das System sowie die Daten des Rechners hat und welche Möglichkeiten andere User bei der Benutzung eines solchen haben. Deshalb ist es immer sinnvoll verschiedene Benutzerkonten einzurichten, die zum einen mit separaten Passwörtern ausgerichtet sind und zum anderen differenzierte Zugriffsrechte haben, die sowohl für den Zugriff auf Dateien der Festplatte und des Systems gelten sowie für die Nutzung einer Netzwerk- oder Internetverbindung.

Häufige Fehler treten auch bei der Konfiguration des benutzten Browsers oder der genutzten Firewall auf. Solche falschen Einstellungen führen zu gravierenden Sicherheitslücken und öffnen Angreifern von außen Tür und Tor. Leider ist der normale User mit den Konfigurationen in seinem Browser oder der Firewall oftmals überfordert. Näheres zu solchen Einstellungen findet man unter den Kapiteln 2.3 und 4.1 .

2.1 Mail-Clients

Es existiert mittlerweile eine Reihe von Mail-Clients, angefangen mit MS-Outlook, Outlook-Express über Endora, Pegasus-Mail bis hin zu IncrediMail, um nur einige zu nennen. Auch gibt es verschiedene Browser, die bereits mit einem integrierten Mail-Client geliefert werden. Wer zum Beispiel ganz auf Microsoft Produkte verzichten will, dem stehen die neuesten Versionen von Opera oder Netscape zur Verfügung[1].

E-Mail hat sich mittlerweile zu einem der wichtigsten Dienste im Internet entwickelt. Es ist Ersatz geworden für Fax, Telefon, Briefe oder Fernschreiben.

---

[1] http://www.zdnet.de/downloads , 20.05.2003

Eine der einfachsten und dazu meist benutzerfreundlichen Möglichkeit des E-Mail Dienstes ist die Nutzung von Webmail-Diensten wie zum Beispiel Web.de oder gmx.

Dem Benutzer werden alle benötigten Funktionen wie Empfangen, Lesen, Verfassen, Senden oder Verwalten von E-Mails bereitgestellt, im Weiteren funktioniert ein solcher Webmail-Dienst wie ein normales Angebot im WWW. Der User ist dadurch nicht an einen Rechner oder einen Standort gebunden, sondern in der Lage weltweit seine E-Mails zu bearbeiten.

Ein weiterer Vorteil ist, es muss keine zusätzliche Software installiert werden, alle nötigen Komponenten liefert der benutzte Browser bereits mit.

Allerdings sollte man einige Dinge beachten, wenn man sich bei einem solchen Webmail-Dienst anmeldet.

Grundsätzlich sollte man vor der Entscheidung für einen Anbieter sich die AGBs eines solchen genau durchlesen. In diesen muss die Einhaltung des Datenschutzes geregelt sein und man sollte möglichst zu einer Weitergabe von persönlichen Angaben nicht gezwungen werden. Dies verhindert zumindest schon einmal eine Werbeflut in Ihrem virtuellen Briefkasten.

Im Folgenden sollte man vor allem darauf achten, dass der Zugriff auf das Benutzerkonto über eine verschlüsselte Verbindung (SSL, mehr dazu im Abschnitt 4.5) zustande kommt und die Möglichkeit einer Verschlüsselung oder digitalen Signatur besteht.

Ein wichtiger Sicherheitsfaktor ist auch die Identitätsprüfung bei einem Neukunden. So sollte es zum Beispiel nicht möglich sein, sich mit falschen Angaben von Wohnort, Straßenname oder Emailadresse bei einem Anbieter anzumelden. Auch bei einem vergessenen Passwort sollte man die gängigen Sicherheitsprozeduren durchlaufen können, wie zum Beispiel die Angabe einer „geheimen Frage", die auf das Passwort hinweist.

Ein- und ausgehende E-Mail sollte auf Viren überprüft werden und dem User sollte die Möglichkeit eines Spamfilters gegeben sein um unerwünschte Werbemails abzublocken.

Von expliziter Wichtigkeit ist auch die Gestaltung des eigenen Passwortes. So sind zwar Kombinationen wie das eigene Geburtsdatum, der Name der Frau oder die eigene Telefonnummer sehr praktisch und einfach zu merken aber sie bergen gravierende Sicherheitslücken. An solche „persönlichen" Daten kommt man als Außenstehender oftmals sehr einfach heran.

Deshalb sollte ein Passwort immer eine Kombination aus verschiedenen Buchstaben, Zahlen und Sonderzeichen sein und mindestens 8 Stellen haben.

E-Mails von unbekannten Absendern sind immer mit Vorsicht zu genießen. Ihre Inhalte oder Dateianhänge können schädliche Viren, Würmer oder Trojaner enthalten. Deshalb spart es oftmals viel Zeit und Ärger, wenn man seine Post noch einmal persönlich auf solche destruktiven Programme checkt.

Eine immer beliebter werdende Art elektronischer Post sind E-Mails mit eingebettetem HTML – Code und Javascript. Diese Scripte werden erst beim Lesen der Mail ausgeführt und können dann zum Beispiel den Benutzer zu einer wiederholten Passworteingabe auffordern welches dann an den Angreifer übermittelt wird.

„Im März 2001 hat ein TV-Wirtschaftsmagazin gezeigt, wie über das Mikrofon eines Laptops ein Raum abgehört werden kann, wenn der Rechner mit einer ISDN-Telefonleitung verbunden ist. Dies wurde mit dem Laptop einer deutschen Politikerin demonstriert. Zunächst wurde sie in einer gefälschten Virenwarnung per E-Mail aufgefordert, ein als Anlage mitgeschicktes Schutzprogramm zu öffnen. Dieses Programm enthielt aber ein Trojanisches Pferd, das später über die ISDN-Leitung eine Verbindung nach außen herstellte und die Telefonnummer übermittelte.

Danach konnte der Rechner von außen angerufen werden, ohne dass der Benutzer darüber optisch oder akustisch informiert wurde. Anschließend wurde über die offene Verbindung das eingebaute Mikrofon im Laptop aktiviert und die Geräusche aus dem Büro nach außen übertragen".[1]

2.2 Heim- und Firmennetzwerke

Findet in einem einfachen Netzwerk ein Datenaustausch zwischen zwei Stationen statt, kann dieser von einer unberechtigten dritten Station abgehört werden. Der Grund dafür ist, dass alle Anfragen durch das gesamte Netzwerksystem geschickt werden. Das Paket wird im Paket-Header mit der MAC-Adresse[2] des Senders als auch mit der des Empfängers versehen. Jede Station überprüft dann anhand der angegebenen MAC-Adresse ob das Paket für sie bestimmt ist. Um dieses Problem zu beseitigen, wird das Netzwerk durch einen Switch realisiert, der nur die Kommunikation zwischen den beteiligten Stationen zulässt.

---

[1] Bundesamt für Sicherheit in der Informationstechnik, Stand: Mai 2002
http://www.bsi.de/gshb/deutsch/g/g5040.htm
[2] Media Access Control, Hardwareadresse über die eine Station eindeutig im Netzwerk identifiziert werden kann

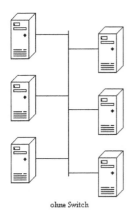 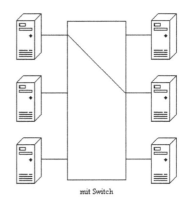

ohne Switch   mit Switch

2.a Netzwerk ohne und mit Switch

Der Switch sorgt dann dafür, dass die Daten nur zwischen den beiden beteiligten Stationen ausgetauscht werden, ohne das die anderen Stationen etwas davon mitbekommen. Dabei ist der Switch lernfähig und erkennt welche MAC-Adressen über die entsprechenden Anschlüsse zu erreichen sind. Durch den Einsatz dieser neuen Netzwerkkomponente ergeben sich allerdings neue Probleme, da der Switch selbst durch verschiede Angriffe bedroht ist. Beispielsweise kann durch die Manipulation einer MAC-Adresse die Funktionsweise des Switch gestört werden. Es besteht daher die Bedrohung dass die Daten im Switch so weitergeleitet werden, das der Angreifer unberechtigten Zugang zu diesen Daten erhält. Eine Lösung für dieses Problem wäre die automatische Lernfähigkeit des Switch zu beschränken. Dies ist möglich, indem man die an den verschiedenen Ports zugelassenen MAC-Adressen statisch konfiguriert und festlegt. Ein weiteres Problem sind die administrativen Zugänge über die ein Switch konfiguriert wird. Daher sollte jeder administrative Zugang über eine geeignete Authentisierung verfügen.

Ein weiteres Problem entsteht bei der Nutzung eines öffentlichen, IP-basierenden Netzes, das mehrere private Netzwerke miteinander verbindet. In solchen Netzen existieren keine zentralen administrativen Einheiten, welche einen sicheren Datentransfer durch das Netz garantieren. Passieren die Daten auf ihrem Weg durch das Internet ein Netz auf das ein Angreifer Zugang hat besteht die Gefahr, dass diese Daten abgehört, abgefangen oder manipuliert werden. Der Angreifer hätte weiterhin die Möglichkeit eine Kommunikation zwischen Sender und Empfänger zu beobachten oder sich selbst als Empfänger auszugeben.

Um diesen Bedrohungen entgegenzutreten müssen einige Maßnahmen durchgeführt werden. Wichtig ist vor allem die Steuerung der Zugriffskontrolle, indem nichtberechtigte Systeme von der Kommunikation ausgeschlossen werden. Um die Vertraulichkeit von Daten zu gewährleisten sollten übertragene Daten verschlüsselt sein um ein Abhören auf der Übertragungsstrecke zu verhindern. Um das zu realisieren müssen mehrere private Netzwerke über ein öffentliches Netzwerk durch einen gesicherten Tunnel miteinander gekoppelt werden. Dieser Tunnel besteht aus einer kryptografisch abgesicherten Netzwerkverbindung, alle Daten die durch diesen Tunnel gesendet werden sind durch einen Verschlüsselungsalgorithmus verschlüsselt.[1] (mehr zu Verschlüsselungstechniken unter Kapitel 4.5)

2.3 Browsersicherheit

Um im Internet surfen zu können benötigt man zwingend einen Browser. Der Web-Browser ruft die Daten aus dem Internet ab, verarbeitet sie und zeigt sie auf unserem Rechner an. Die am meisten verbreiteten Browser sind der Internet Explorer, Netscape Navigator, Mozilla und Opera. Anfänglich waren Browser dazu gedacht, Texte oder Bilder aus dem Internet anzuzeigen. Doch im Laufe Ihrer Entwicklung sind ihre Fähigkeiten um ein vielfaches angewachsen. Sie können Scriptsprachen wie JavaScript interpretieren, Grafiken und Videos darstellen oder E-Mails versenden. All diese Möglichkeiten bergen jedoch umso mehr Sicherheitslücken, je weiter eine Browsersoftware entwickelt ist.
Enthält eine Internetseite zum Beispiel ein Java-Applet, wird dieses unbemerkt im Hintergrund auf ihrem Rechner ausgeführt. Das ist normalerweise noch kein Problem. Entsteht jedoch bei der Implementierung[2] der Java Virtual Maschine ein Fehler, haben die Java-Applets plötzlich Zugriff auf die Dateien Ihres Systems und erhalten somit unter Umständen Informationen über Passwörter, Benutzernamen oder Kreditkartennummern.
Eine weitere Sicherheitslücke stellt ActivX dar. ActivX wurde konzipiert um Windowsanwendungen mit dem Internet zu verbinden, doch leider unterliegt ActivX keinen wirklichen Sicherheitsrichtlinien.
„Läuft das ActivX-Programm erst einmal, dann ist sein Funktionsumfang in keiner Weise eingeschränkt oder kontrollierbar. Das ActivX-Programm läuft mit allen Rechten des

---

[1] Hacker Contest, Schumacher, Rödig, Moschgath, 2003, Seite239
[2] Integration bestimmter Funktionalitäten oder Algorithmen in ein Produkt

angemeldeten Benutzers – ohne jede Einschränkung!"[1] Eine sichere Alternative wäre ein Browser wie der Netscape Navigator oder Opera, da diese kein ActivX unterstützen.

Eine oft als harmlos dargestellte Sicherheitslücke sind Cookies, dabei sind das aber nichts anderes als kleine Dateien, die vom Browser auf ihrer Festplatte gespeichert werden. Sie enthalten Informationen in Form von Text. Diese Informationen jedoch, können so einige Informationen über einen Benutzer enthalten. So verraten sie zum Beispiel E-Mail-Adressen oder geben Auskunft über das Surfverhalten eines Users. Auch IP-Adressen werden gespeichert und können so zu Identifizierung beitragen. Man kann allerdings in den Browsereinstellungen die Option „Cookies akzeptieren" deaktivieren und wird so rechtzeitig gewarnt, bevor ein Cookie gesetzt wird. Um sicher zu gehen und Risiken zu vermeiden sollte man ständig dafür sorgen, dass man sich die neuesten Updates und Patches für seinen Webbrowser herunterlädt und installiert sowie alle relevanten Einstellungen in den Internetoptionen des Browsers aktiviert.

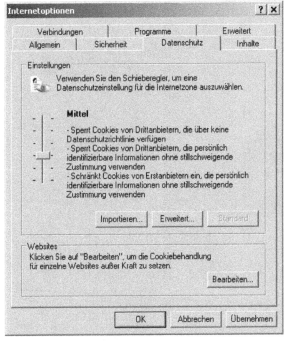

4.b Datenschutzeinstellungen im Internet Explorer

[1] Bundesamt für Sicherheit in der Informationstechnik, Stand: Juni 2003
http://www.bsi-fuer-buerger.de/02/02_03.htm

2.4 Hardware

Kommt es durch eine Attacke von Außen oder durch die Infizierung mit einem Virus zu einem Systemabsturz, hat das in den meisten Fällen auch einen Datenverlust zur Folge. Statistischen Angaben zu Folge entstehen 45% des Datenverlustes durch Unachtsamkeit, weitere 10% durch Virusinfektionen und weitere 35% durch Programmfehler oder Systemabstürze. Deshalb ist es notwendig, seine Daten entweder teilweise oder als komplettes Systembackup zu sichern.

Im Folgenden sollen zwei Hardwarelösungen vorgestellt werden, die zum einen die Möglichkeit der Datensicherung bieten und zum anderen einen sicheren Datentransfer ermöglichen. Die erste Möglichkeit für eine solche „Mobilisierung" von Daten ist der Einsatz einer externen Festplatte. Diese sind nicht in den Computer eingebaut sondern lediglich mittels eines Kabels oder auch drahtlos mit demselben verbunden. Diese Technik ermöglicht es, Daten von einem System auf ein anderes zu übertragen und beliebig mit sich zu führen.

Die externe Festplatte hat in der Regel zwei Stecker, einen für den Netzanschluss und den anderen für die Verbindung mit dem Computer. Hierbei kommen entweder USB oder Firewirekabel zum Einsatz. USB bietet allerdings den Vorteil, dass es von fast allen PCs ohne weitere Hardwareinstallation verwendet werden kann. Je nach verwendetem Betriebssystem erfolgt die Einrichtung einer angeschlossenen Hardware automatisch. Nach der Verkabelung der externen Festplatte mit dem PC erkennt das System dieses neue Gerät als Festplatte und der Datenträger wird daraufhin im System integriert.

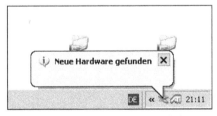

4.c automatische Hardwareerkennung bei Windows XP

Eine Noch etwas bequemere Variante eines solch transportablen Speichermediums ist der sogenannte Memory Stick. Sie bieten die Möglichkeit, wichtige Daten auf ein Medium mit maximaler Flexibilität zu übertragen.

14

Die Anwendungsfälle sind dabei vielfältig. In Zeiten zunehmender Vernetzung über Kabel oder Funk und der enormen Verbreitung von CD-Brennern scheint ein alternativer Weg zum Kopieren von Daten unnötig zu sein. Doch dieser Schein trügt, denn gerade wenn es wirklich darauf ankommt, versagt die Technik hin und wieder - zum Ärger der Betroffenen. In solchen Fällen ist ein Memory Stick, der sich bequem an die USB Schnittstelle praktisch jedes Rechners stecken lässt, vielleicht der Rettungsanker. Doch allein durch ihre schiere Größe, oder besser gesagt ihre Kleinheit, können Memory Sticks begeistern. Im Vergleich dazu sind CDs beinahe sperrig. Der USB Stick dagegen verschwindet in der Hemd- oder Hosentasche. Mit Kapazitäten von bis zu einem Gigabyte sollten auch größte Präsentationen, Bildergalerien oder ein Datenbank-Image Platz finden. Neben der Kapazität stellt sich nun auch noch die Frage des richtigen Interface. Während der Anschluss praktisch immer an der USB-Schnittstelle von statten geht, erscheinen immer mehr Modelle, die dem USB-2.0-Standard entsprechen. Das bedeutet in der Theorie, dass nun 480 Mbit/s statt 12 Mbit/s übertragen werden können.

2.5 FTP

Einer der wichtigsten Dienste im Internet ist das File Transfer Protokoll, kurz FTP. Das File Transfer Protokoll gehört zur TCP/IP-Protokollfamilie und dient zur Übertragung von Daten im Internet. Mit Hilfe von FTP können Text- oder Binärdaten, wie zum Beispiel Grafikdaten, von einem Rechner zu einem anderen Rechner übers Netz übertragen bzw. kopiert werden. Wie viele andere Internet-Dienste auch, arbeitet FTP Client-Server orientiert und steht fast allen Plattformen zur Verfügung. Aber auch bei FTP bestehen gewisse Risiken. Ein Angreifer sendet mit dem Port-Befehl, die IP-Adresse und die Portnummer des Computers, der angegriffen werden soll, an einen FTP-Server. Danach kann der Client den Server veranlassen, eine Datei mit Kommandos, die der angegriffene Dienst versteht, an die im Port-Befehl angegebene IP-Adresse zuschicken. Da der Client sein Opfer nicht direkt, sondern über einen andern Rechner angreift, ist es sehr schwierig, den Angreifer zurückzuverfolgen. Dieser Angriff wird auch als Tunneling bezeichnet.

FTP eignet sich auch gut um Passwörter auszuprobieren, da in der Standardkonfiguration keine Beschränkung zur Eingabe von Passwörtern besteht, was bedeutet, das man beliebig oft versuchen kann, ein Passwort anzugeben. Diese Attacke wird auch als Brute Force Angriff bezeichnet. Bei manchen FTP-Servern ist es möglich, gültige Loginnamen

herauszufinden. Wenn man einen ungültigen Loginnamen eingibt, dann antwortet der Server mit dem Code 530.

Auch das downloaden beziehungsweise uploaden von Daten kann bei FTP ein Risiko darstellen. So bieten viele FTP-Server die Möglichkeit einer Anonymus-Kennung. Dabei besteht die Möglichkeit Viren oder Trojaner auf dem System abzulegen, was beim downloaden wiederum das eigene System gefährden kann.

Anwender könnten den FTP-Server auch zum Tausch von illegalen Raubkopien nutzen, was dem Betreiber eines solchen Servers in rechtliche Schwierigkeiten bringen könnte.

3. Gefahren aus dem Internet

Für viele ist das Internet inzwischen zu einem Bestandteil des täglichen Lebens geworden. Es werden Grüße per E-Mail verschickt oder Internetseiten von verschieden Unternehmen nach Produkten, Dienstleistungen oder Angeboten durchsucht. Dass die Benutzung des Internet auch Gefahren mit sich bringt, ist nur den wenigsten bewusst.

Fast täglich erfährt man in den Medien von neuen Hackerattacken auf firmeninterne Daten oder auf staatliche Institutionen, wie beispielsweise dem Pentagon in den Vereinigten Staaten. Aber auch privaten Internetnutzer bleiben nicht verschont oder aber sind besonders gefährdet, weil die wenigsten über die Sicherheitslücken in Ihrem System bescheid wissen. Allein der Gebrauch einer älteren Software kann schon zu erheblichen Gefahren führen. Beispielgebend dafür ist der Internet Explorer von Microsoft, dessen Entwickler es bis heute nicht geschafft haben, trotz ständig erneuerter Sicherheitspakete und Updates, diesen Browser sicherer zu machen. Auch werden immer wieder bestimmte Mailprogramme dafür genutzt um Viren oder Würmer im Internet zu verbreiten, weil deren Sicherheitslücken einfach und effektiv ausgenutzt werden können.

Im Endeffekt sollte man sich aber darüber im Klaren sein, das eine Verbindung zum Internet immer eine bidirektionale Verbindung ist. Wenn der eigene Rechner mit dem Internet verbunden ist, so ist auch das Internet mit diesem verbunden, und Daten können von beiden Seiten gelesen, missbraucht oder geschädigt werden. Darum ist es Wichtig, zu wissen welche Gefahren das Internet birgt um sich besser davor schützen zu können. Im Folgenden werden einige dieser Gefahren dargestellt und erläutert.

3.1 von Viren und Würmern

Virus – „Per Definition ist ein Virus ein Programm, das sich selbst kopiert. Um das zu tun, hängt es sich an oder in Dateien und/oder schreibt sich in den Bootsektor der Festplatte. Als zum Teil unangenehme Nebenwirkung haben manche Viren zerstörende Auswirkungen auf die Funktionalität der Software eines Computers, in einigen wenigen Fällen auch auf die Hardware. Viren sind für Betriebssysteme, die nicht von Microsoft hergestellt werden, extrem unüblich. Für Unix und Unix-ähnliche (Linux) Betriebssysteme existiert nur ein Virus, der aber nicht ernst zu nehmen ist."[1]

Die meisten Viren arbeiten auf ähnliche Art und Weise wie *Terminate-And-Stay-Resident-Programme*[2]. Sie sind immer aktiv und warten im Hintergrund auf Aktivitäten des Systems. Wird beispielsweise eine ausführbare Datei gestartet (.exe), wird das Virus aktiv und hängt sich an das Programm. Typisch für eine solche Verhaltensweise sind *Master-Boot-Record-Viren*, diese Viren infizieren den Bootsektor der Festplatte. Während des Bootprozesses lädt sich der Virus dann in den Speicher des befallenen Rechners. Einmal im Speicher des Computers, ersetzt das Virus die MBR[3]-Information durch seine eigene, modifizierte Version. Übertragen werden solche Viren hauptsächlich durch Disketten oder andere Speichermedien von denen aus ein Computer gebootet werden kann.

Die Schöpfungen der Virustechnologie sind zunehmend komplexer geworden, was zu einer Klassifizierung der Computerviren geführt hat. Man spricht im Grunde von den MBR-Viren, Bootsektor-Viren und den sogenannten Dateiviren. Der Unterschied von Dateiviren zu den beiden ersten ist, das MBR- und Bootsektorviren lediglich nur kleine Teile von Disketten oder Festplatte angreifen. Dateiviren hingegen können sich über das gesamte System ausbreiten. Dateiviren infizieren meistens nur eine spezielle Art von Dateien. In der Regel sind das ausführbare Dateien wie beispielsweise .com oder .exe Dateien, allerdings bleiben sie nicht nur auf solche beschränkt.

Eine verhältnismäßig neue Art von Viren sind die sogenannten polymorphen Viren. Sie sind in der Lage sich zu verändern und sind dadurch schwerer zu entdecken. Einige dieser polymorphen Viren benutzen moderne Verschlüsselungstechnik um ihren eigenen Programmcode zu verändern. Neuere Virenscanner sind allerdings in der Lage solche

---

[1] hackers guide, anonymus, 1999, Seite 810
[2] Programme die beim beenden nicht vollständig aus dem vorher freigegeben Speicher gelöscht werden.
[3] Master-Boot-Record, ist der erste Sektor der Festplatte, in ihm befindet sich das Systemstartprogramm

17

Viren zu erkennen, da sie nicht mehr nur nach Mustern, wie Größe oder Prüfsumme suchen, sondern auch in der Lage sind nach Verschlüsselungsmustern zu scannen.

Wurm – „ein Computerprogramm (nicht notwendigerweise bösartig), das sich vervielfältigt und sich von Host zu Host über das Netzwerk ausbreitet. Würmer verbrauchen manchmal sehr viel Netzwerkressourcen und sind daher DOS-Attacken."[1]

Eine neue Gefahr für den eigenen Rechner stellen die sogenannten Wurm-Viren dar. Sie sind in der Lage Mailprogramme oder Netzwerke zu benutzen, um sich auszubreiten. Dabei können einige von ihnen auch Schadfunktionen besitzen wie sie für Viren typisch sind. Die meisten jedoch verzichten darauf, da Würmer eigentlich für den Zweck des „Nicht Auffallens" entwickelt wurden.

Der häufigste Grund für den Befall mit einem Computerwurm ist der Angriff per E-Mail. Alternative Infektionskanäle sind beispielsweise ICQ, Gnutella, MSN Messenger oder IRC. Die Zahl der Würmer ist in der letzten Zeit so rapide gestiegen, dass man sie verschiedene Typen aufgeteilt hat. Die Trennung erfolgte dabei über die Art der Technik über die ein Wurm einen Rechner infiltriert.

Die erste Art sind sogenannte Script-Würmer. Damit sind Würmer gemeint, die aus Anwendungs-Makros bestehen und zum Beispiel aus Word heraus Outlook und andere Microsoft-Produkte fernsteuern, oder Würmer wie Loveletter, die aus einem alleinstehenden Visual Basic Script (VBS)[2] bestehen. Die meisten Wurm-Epidemien gehen auf das Konto der VB-Scripte, da Outlook in einigen Versionen Scripte schon ausführt, wenn man nur die Mails anzeigt, welche die Scripte enthalten.

Eine zweite Art sind File-Würmer. Hier besteht der Wurm aus einem ganz ordinären Programm. In Form eines Virus kann es Dateien infizieren und so dem PC einen Wurm verpassen. Viel öfter aber verankert sich der Wurm als zusätzliches Programm im System, fast wie ein Gerätetreiber. Der User installiert ihn sich normalerweise über ein Trojanisches Pferd, indem er unvorsichtigerweise auf einen Dateianhang klickt, zum Beispiel der angebliche Screensaver, in dem der Wurm steckt.

---

[1] hackers guide, anonymus, 1999, Seite 810
[2] von Microsoft entwickeltes Programmiersystem, kann in HTML eingebettet werden

Eine dritte Art sind die IRC- oder IM-Würmer. IRC-Würmer machen sich im Chatsystem enthaltene Scripte zu nutze um sich über den Chat auszubreiten. IM-Würmer nutzen Sicherheitslücken bei ICQ, AOL Instant Messenger oder Microsoft Messenger. Sie verschicken einfach eine Kurznachricht mit angehängter Datei an die im Messenger eingetragenen Freunde. Im Prinzip funktionieren sie wie Würmer die sich per E-Mail verbreiten.

3.2 Trojaner

Trojanisches Pferd – „Eine Anwendung oder Code, der ohne Wissen des Benutzers heimlich und unautorisiert Aufgaben durchführt. Diese Aufgaben können die Systemsicherheit verletzen."[1]

Generell kann ein Trojanisches Pferd als ein Programm klassifiziert werden, das eine versteckte und nicht erwünschte Funktion ausführt. Trojaner können in den verschiedensten Formen auftreten. Häufig tarnen sie sich als Programme die eine Nützlichkeit für den Anwender vortäuschen, Beispiele dafür sind Utilitys oder einfache Bildschirmschoner. Die eigentliche, schädliche Funktion des Trojaners läuft dabei im Hintergrund ab, ohne dass es vom User bemerkt wird. Verständlich wird dieses Prinzip, wenn man sich die Geschichte dieses durchaus treffenden Namens einmal genauer ansieht. Die Griechen ließen nach einem 10 Jahre dauernden Krieg gegen Troja ein hölzernes Pferd zurück und täuschten einen Rückzug vor. Die Trojaner betrachteten das Pferd als ein Geschenk und brachten es in die Stadt. In der Nacht öffneten die Soldaten, die sich im inneren des Pferdes versteckt hielten, die Tore der Stadt und Troja wurde von den Griechen besiegt.

Trojaner werden in der Regel so programmiert, das sie eines von zwei Dingen tun: Sie führen Funktionen aus, die dem Programmierer wichtige Systeminformationen liefern oder sie verbergen Funktionen, die dem Programmierer Informationen liefern oder das System beeinflussen. Einige andere Trojanische Pferde sind in der Lage verschiedene Hintertüren im System zu öffnen um so einem Angreifer die Möglichkeit zu bieten auf Teile der Festplatte oder das gesamte System zuzugreifen. Solche Trojaner werden daher auch als *Backdoorprogramme* bezeichnet.

---

[1] hackers guide, anonymus, 1999, Seite 809

Das Risiko, sein System mit einem Trojaner zu infizieren ist relativ hoch, da sie sich in jeder Applikation und jedem noch so harmlos erscheinenden Programm befinden können. Der Download von Software aus dem Internet ist daher immer mit Vorsicht zu genießen. Dabei ist es nicht nötig sich auf einem Undergroundserver zu befinden. Das Beispiel, des mit einem Trojanischen Pferd verseuchten WUFTPD[1] zeigt, das solche Infektionen auch auf öffentlichen Servern möglich sind.

Ein weiteres Problem, dass Trojaner darstellen, ist ihre Tarnung. Trojaner sind meist schwer zu entdecken, da sie sich häufig in Binärdateien befinden die in Maschinensprache geschrieben und für den Menschen nicht lesbar sind. Das aufspüren eines Trojaners ist daher in vielen Fällen eine schwierige Aufgabe. Eine Möglichkeit um einen Trojaner aufzuspüren ist der Vergleich von Objekten. Das bedeutet das Dateien oder Verzeichnisse in denen ein Trojaner vermutet wird, mit sich selbst zu verschieden Zeitpunkten verglichen werden. Verglichen werden das Datum der letzten Modifikation, der Entstehung der Datei sowie die Dateigröße. Unterscheidet sich beispielsweise die Dateigröße, obwohl im verglichenen Zeitraum keine Modifikation stattgefunden hat, könnte das auf einen Trojaner hinweisen. Diese Methode ist aber eher ungenügend, da Angaben über die Dateigröße oder das Entstehungsdatum leicht manipuliert werden können.

Eine weitaus fähigere Methode um Trojanische Pferde aufzuspüren, ist ein System namens MD5. Dieses System nimmt eine Datei in willkürlicher Länge als Eingabe und erzeugt einen 128-Bit Fingerabdruck als Ausgabe, welche als 32stelliger Wert dargestellt wird. Wird eine Datei zu verschieden Zeitpunkten mit dieser Methode geprüft und die beiden Fingerabdrücke stimmen nicht überein, kann man zu 99,999% davon ausgehen, das mit dieser Datei etwas nicht stimmt.[2]

3.3 Dialer

Um die Zahlungsweise von kostenpflichtigen Internetinhalten oder Downloads zu vereinfachen, entwickelte man kleine Einwahlprogramme (Dialer), mit denen der Kunde bequem und anonym im Internet bezahlen kann. Die Abrechnung erfolgt einfach und sicher über die Telefonrechnung. Ein solches Einwahlprogramm richtet dabei eine neue Internetverbindung auf dem Rechner ein. Die Einwahl geschieht dann über sogenannte Mehrwertnummern, welche von der Regulierungsbehörde für Telekommunikation und

---

[1] weltweit meistbenutzter FTP-Server, hackers guide, anonymus, 1999, Seite 263
[2] Informationen unter http://info.internet.isi.edu:80/in-notes/rfc/files/1321.txt , Quelle: hackers guide, 1999, Seite 268

Post vergeben werden. Es handelt sich hierbei meist um 0190- oder seit 01.Jannuar 2003 auch um 0900- Nummern. Seriöse Anbieter informieren Ihre Kunden darüber, das es sich beim Download um einen Webdialer handelt und über die damit verbundenen Kosten. Leider kommt es vor allem in den letzten Jahren immer häufiger zu Berichten über schwarze Schafe in der Branche. Dabei werden Webdialer zum Download angeboten, die aber als solche nicht zu erkennen sind. Oftmals sind sie getarnt als Webcamtool oder Chatprogramm. Informationen über eine damit verbundene, kostenpflichtige Einwahl erhält der User nicht. Eine andere Methode einen Webdialer auf Ihrem System zu installieren, ist die Anwendung aktiver Inhalte. Dabei wird beim Aufruf einer Internetseite automatisch die Dialersoftware heruntergeladen und das Programm installiert, der User kann diesen Download weder bestätigen noch ablehnen. Die bestehende Internetverbindung wird dabei getrennt und eine kostenpflichtige DFÜ-Verbindung, oftmals unbemerkt, aufgebaut. Daher ist es empfehlenswert einen Browser wie Netscape oder Opera zu verwenden, die mit aktiven Inhalten nichts anfangen können oder im Internetexplorer AktivX einfach abzuschalten. (siehe Abb.)

3.a deaktivieren von AktivX im Internet Explorer

21

Um festzustellen ob man sich einen Dialer heruntergeladen hat, gewollt oder ungewollt, gibt es mehrere Möglichkeiten. Zuerst sollte man nachsehen, ob sich unbekannte Symbole auf dem Desktop beziehungsweise auf der Taskleiste befinden.

Auch über die Netzwerkverbindungen (Windows XP), DFÜ-Verbindungen (Win95/98) oder die Internetoptionen im IE lässt sich feststellen, ob ein Dialer installiert ist.

Häufig ist es auch der Fall, das bei der Installation einer Dialersoftware, Einträge in die Registry des Systems geschrieben werden. Software zum reinigen der Registry kann man sich im Internet kostenlos herunterladen, hier sollte man jedoch vorsichtig sein beim löschen der Einträge.

Um sich wirksam vor Dialern zu schützen, sollte man mehrere Dinge beachten. Zum ersten kann man wie bereits oben erwähnt die Einstellungen des Browsers überprüfen. (näheres dazu erfahren Sie im Kapitel 2.3)

Ein weiterer Punkt wäre das Abschalten des Nachrichtendienstes von Windows. Dieser wird oft für unerwünschte Werbung missbraucht die auf angebliche Sicherheitslücken im System hinweist und zu einem Download auffordert oder auf Webseiten mit versteckten Dialern verweist.

Auch das Zugangspasswort für den Internetzugang sollte nicht gespeichert werden, da auf diese Weise bei jeder Einwahl die Verbindung überprüft werden kann.

Wer auf seinem Rechner Administratorrechte vergeben hat, sollte besser über einen anderen Benutzernamen oder noch besser über einen Gastzugang online gehen. Die Installation neuer Programme also auch die von Dialern ist damit nicht mehr möglich.

Am sichersten vor Dialern sind sie, wenn Sie mit DSL ins Internet gehen. Dialern ist es nicht möglich sich über DSL einzuwählen da es sich hierbei nicht um eine Standard-Telefonverbindung handelt. Achten Sie jedoch darauf, dass an Ihrem Rechner kein zweiter Zugang für eine ISDN-Verbindung besteht.

3.4 Hacker

['haeker; engl. , zu to hack"(zer)hacken"] *der*, i.w.S. Computerbegeisterter, der versucht, Programmierprobleme durch "Herumprobieren" zu lösen, i.e.S. Computerbenutzer, der versucht über Datenfernverbindungen widerrechtlich in fremde Datenbanken einzudringen...[1]

---

[1]Der Brock Haus, Band 6, Gu -Ir, Seite 46, „Hacker"

Der begriff des Hackers hat sich im Laufe der Zeit von Grund auf gewandelt. Der Beginn der ersten Generation lag in den 50er Jahren des letzten Jahrhunderts, als die ersten Maschinen mit Tastatur und Bildschirm entwickelt wurden. Jungen Studenten ging es damals vor allem darum, die Grenzen des machbaren stetig zu erweitern und neue Möglichkeiten zu testen.

Eine Hochburg entwickelte sich im „Tech Model Railroad Club", am MIT[1] in Massachusetts. Studenten experimentierten mit dem ersten dort vorhandenen Rechner, dem PDP-1[2]. Sie konnten Programme bei ihrer Ausführung direkt beobachten und testen und Fehler sofort beheben. Dabei wurden neue Programmiertechniken und das erste Computerspiel namens „Spacewar" erfunden. Die beteiligten Studenten und Mitarbeiter Peter Deutsch, Bill Gosper, Richard Greenblatt, Tom Knight und Jerry Süssmann wurden damals als die ersten Hacker bezeichnet.[3]

Seit dem haben sich die Hacker in zwei Lager getrennt. Die einen, die eigentlichen Hacker, sind ständig auf der Suche nach neuen Möglichkeiten und Technologien. Sie entwickeln Sicherheitstechniken die mit den aktuellen und immer steigenden Standards konform gehen.

Auf der anderen Seite stehen die Cracker, die fälschlicherweise immer noch als Hacker bezeichnet werden, da sich dieser Begriff in der Gesellschaft eingeprägt hat. Sie sind diejenigen subversiven Subjekte, die versuchen Systeme zu knacken und auszuspionieren, Viren und Würmer programmieren und dabei erheblichen wirtschaftlichen Schaden anrichten.

Den ersten Wurm setzte ein junger Informatikstudent namens Robert Morris ins Internet. Das geschah am 03. November 1988. Die infizierten Rechner durchliefen dabei Hunderte von Shell-Prozessen und wurden in folge dessen immer langsamer bis es schließlich zum Systemabsturz kam.[4]

Es gibt verschiedene typische Schritte um einen Angriff auf ein System oder einen Rechner durchzuführen. Das beginnt zumeist mit der Erkundung. Dabei werden Informationen gesammelt wie zum Beispiel Netzwerk- und Rechneradressen, was einfach über Standardinformationsdienste wie DNS[5] oder WHOIS[6] funktioniert.

---

[1] Massachusetts Institute of Technology
[2] Rechner der Firma Digital Equipment Cooperation
[3] Markus Schumacher, Utz Rödig, Marie-Luise Moschgath, Hacker Contest, 2003, Seite 73
[4] anonymus, hacker's guide, Markt und Technik, Seite 91
[5] *Domain Name Service* der Internetadressen und Rechnernamen im Klartext sowie IP-Adressen einander zuordnet (Quelle: www.glossar.de)
[6] Programm, um Adressen und Namen von E-Mail-Teilnehmern festzustellen (Quelle: www.glossar.de)

Recherchen mit gängigen Suchmaschinen führen ebenfalls oftmals zu brauchbaren Resultaten wie Namen, Adressen, Telefonnummern und E-Mail-Adressen.

Mit Hilfe der gesammelten Informationen ist der Cracker nun in der Lage gezielt Systeme abzutasten. Eine Art der Abtasttechnik ist die einer permanenten Ping-Anfrage an eine bestimmte IP-Adresse, was jedoch eher auffällig ist und leicht erkannt werden kann. Führt man die Anfrage jedoch unregelmäßig, ohne erkennbares Muster durch, kann das dann nur noch schwerlich detektiert werden.

Andere Möglichkeiten bieten Wardialer, welche systematisch via Telefonnetz nach Modems suchen deren Anschluss attackiert werden kann.

Wie auch immer ein System von einem Cracker angegriffen wird, liegt doch seine erste Priorität darin, Schaden auf demselben anzurichten. In den nächsten Kapiteln geht es darum, wie man Schäden oder Angriffe auf Systeme verhindern kann oder zumindest dem Angreifer mögliche Optionen von vorn herein nimmt. Eins sei jedoch vorab schon gesagt, es gibt keinen absolut sicheren Computer, es sei denn er ist ausgeschaltet und der Stecker aus der Dose gezogen.

4. Prävention

Wie im Vorfeld bereits dargestellt wurde, gibt es im Internet eine Vielzahl von Gefahren und Angriffen auf persönliche Daten und die eigene Privatsphäre. Gerade beim übertragen von Dateien oder Texten, zum Beispiel Emails, ist die Sicherheit ihrer Inhalte nicht immer gewährleistet. Der private User ist dabei oftmals mehr gefährdeter als andere Internetnutzer, da er weniger professionelle Unterstützung oder Know How besitzt als beispielsweise Konzerne oder Firmen, die in der Lage sind, eigens dafür ausgebildete Mitarbeiter einzustellen, die für ihre Datensicherheit sorgen.

Nicht das es dem User an Möglichkeiten mangeln würde. Es ist oftmals eher so, das er sich in Sicherheit wiegt, weil er selbst nicht genügend Erfahrung hat. Oder es wird ihm Sicherheit vorgegaukelt, wo gar keine ist, und wird dabei oft noch ausgenutzt um an seine privaten Daten zu kommen. Beispiele hierfür sind unter anderem Internettools, die mit Datensicherheit werben, enthalten aber oftmals Spyware oder gar Trojaner.

Deshalb ist es wichtig, von vorn herein einiges für die eigene Sicherheit im Internet zu tun. Sicherheitsupdates gehören dabei genauso zum Standardprogramm wie die regelmäßige Aktualisierung seines Virenwächters und dessen Virenliste um immer auf dem höchst möglichen Stand der aktuellen Software zu sein.

Im Folgenden werden daher einige Möglichkeiten vorgestellt, wie man den heimischen PC und damit auch seine Daten sicherer macht und ein höheres Maß an Privatsphäre für sich und seine Daten gewinnt.

4.1 Firewall

Es gibt zwei verschiedene Arten von Firewallsystemen. Sie basieren entweder auf einer Protokollebene oder auf einer Applikationsebene.

Firewalls auf Protokollebene[1] überwachen einzelne oder in kurzer Folge kommende Datenpakete. Die Datenpakete werden dabei nach festdefinierten Regeln kontrolliert. Pakete die diesen Regeln nicht entsprechen oder nicht autorisiert sind werden dann entweder zurückgewiesen oder vernichtet. Dementsprechend werden dann Einträge in die Protokolldatei geschrieben oder es wird ein Alarm ausgelöst.

Für eine Paket Filter Firewall benötigt man einen Computer mit zwei voneinander getrennten Netzwerkanbindungen.

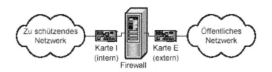

4.a Darstellung einer Firewall mit Hardwarelösung

Jedes eingehende Datenpaket wird hier von der Firewall geprüft und erst dann ins interne Netzwerk weitergeleitet. Fällt die Firewall aus, ist auch die Netzwerkverbindung unterbrochen und das interne Netzwerk bleibt geschützt.

Firewalls auf Protokollebene[2] legen allerdings nur Regeln für den Datenverkehr fest und können Dienste von anderen Systemen entweder vollständig zulassen oder ganzheitlich verbieten. Sie haben jedoch keine Möglichkeit den Inhalt solcher Dienste zu kontrollieren.

---

[1] Paket Filter Firewalls, PFF
[2] Application Level Firewalls, ALF

Ihre Vorteile liegen in einer guten Performance und einer einfachen Zugriffsregelung von Diensten.

Ihre Nachteile sind, dass die Inhalte von Diensten nicht gefiltert werden können. Da es eine große Anzahl von Regeln für den Zugriff anzulegen gilt, leidet die Benutzung oftmals an Unübersichtlichkeit.

Firewalls auf Applikationsebene setzen ihren Fokus auf die oberste Ebene des Datenverkehrs, die Dienste oder auch Applikationen genannt. Allerdings wird für die Überwachung jedes einzelnen Dienstes eine eigene Firewall-Applikation benötigt. Die Vorteile liegen hier in einem bestmöglichen Schutz, da die Firewall auf jeden einzelnen Dienst individuell zugeschnitten werden kann. Die Nachteile liegen in einer schlechten Performance, da auf einer sehr komplexen Ebene operiert wird. Außerdem muss für jeden einzelnen Dienst eine eigene Firewall-Applikation installiert werden.

Die Hardwarevoraussetzungen für Applikation Level Firewalls sind dieselben wie die von Firewalls auf Protokollebene. Allerdings benötigen sie mehr Rechenleistung als Paket Filter Firewalls.

Eine Alternative zu teureren Hardware-Firewalls sind Softwarelösungen. Private User haben hier die Möglichkeit preiswerte oder gar kostenlose, sogenannte persönliche Firewalls direkt auf ihrem Computer zu installieren.

Allerdings sollte man darauf achten, dass die Firewall auch richtig konfiguriert ist. Ist das nicht der Fall, kann es auch hier zu erheblichen Sicherheitslücken kommen.

Mögliche Softwarelösungen von Firewalls sind zum Beispiel die Norton Personal Firewall von Symantec oder ZoneAlarm von Zone Labs. Letzteres ist für private Anwender kostenlos im Internet erhältlich.

Der Sinn einer Firewall ist es, ein System für die Außenwelt unsichtbar zu machen. Sie sind aber die strengsten Sicherheitsmaßnahmen die man ergreifen kann und bergen daher auch einige Nachteile derer man sich bewusst sein sollte. Ein solcher Nachteil ist, das die Konfiguration einer Firewall derart streng sein kann, das sie die eigentliche Funktion eines Netzwerkes erheblich einschränken kann. Was man an Sicherheit gewinnt, verliert man an Funktionalität. Weiterhin sollte man beachten, dass es mit dem alleinigen Einsatz einer Firewall nicht getan ist. Ist die Firewall erst einmal durchbrochen, ist das dahinter liegende Netzwerk schutzlos allen Angriffen ausgeliefert. Daher sollten zusätzlich zu einer Firewall auch andere Sicherheitspraktiken angewendet werden. Vor dem Kauf einer Firewall sollte man das eigene Netzwerk, dessen Benutzer und deren Bedürfnisse genauestens untersuchen und abwägen ob der Einsatz einer Firewall von praktischen Nutzen ist. Für

den Fall, das man sich für eine Firewall entscheidet ist es wichtig die Konfiguration einer solchen Firewall zu überprüfen. Fehler in der Konfiguration führen oft zu Sicherheitslücken und der User wiegt sich zu Unrecht in Sicherheit.

4.2 Proxyserver

Heutzutage ist es kaum noch möglich, sich durch Internet zu bewegen, ohne Spuren zu hinterlassen. Beim Email lesen oder beim Besuch einiger Seiten im Netz, ein Grossteil der Aktivitäten eines Users wird festgehalten. Oftmals nur für statistische Zwecke oder für Verhaltensanalysen.

Übertragen werden Daten und Angaben wie Bildschirmauflösung, Art des Betriebssystems aber auch welchen Browser man benutzt, installierte Plugins, wie lange man sich auf einer Seite aufhält oder der Internetanbieter.

Ab und an macht man auch mal Angaben wie Email, Name oder Anschrift. Diese Daten werden dann an andere Firmen weiterverkauft.

Die bekannteste und einfachste Methode sich anonym durchs Internet zu bewegen, ist die Verwendung eines Proxy-Servers. Der Proxy ist eine Art Mittelsmann der zwischen dem eigenen PC und der angeforderten Webseite steht. Dabei kann die angeforderte Webseite nur die IP-Adressen des Proxys feststellen, nicht aber die des eigenen PCs. Umgekehrt kann nur der Weg vom PC zum Proxy verfolgt werden, aber nicht das eigentliche Ziel.

Es gibt mittlerweile Hunderte von Rechnern im Internet, die als Proxy verwendet werden können. Oftmals sind es Universitäten und Behörden aber auch private Personen, die den Usern zu mehr Anonymität verhelfen wollen.

Allerdings sollte man beachten, dass man nicht überprüfen kann, welche Daten und Informationen auf solchen Rechnern gespeichert werden.

Um das Angebot eines Proxy-Servers nutzen zu können, müssen im Browser die IP-Adresse und der Port des zu benutzenden Proxys eingetragen werden.

4.b Einstellungen für Proxyserver im Internet Explorer

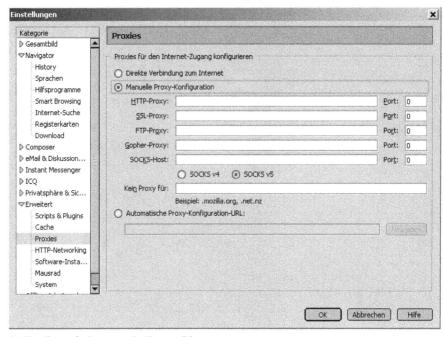

4.c Einstellungen für Proxyserver im Netscape 7.0

Es besteht auch die Möglichkeit, anstatt einen fremden Rechner zu nutzen, den eigenen als Proxy zu verwenden. Man nutzt dazu Programme, die sich ähnlich wie eine Firewall zwischen den eigenen Rechner und das Internet schalten. Sie filtern beispielsweise Werbeeinblendungen oder ActivX-Controls heraus. Möglichkeiten für solche lokalen Proxy-Tools sind zum Beispiel Webwasher, Proxomitron oder A4Proxy.

Der Browser sollte auch hier, wie oben gezeigt, konfiguriert werden. Allerdings gibt man seine sogenannte Localhost-Adresse an. Diese ist für den eigenen Rechner immer dieselbe, und zwar 127.0.0.1, der Port wird vom jeweiligen Programm vorgeschrieben.

Um seine neu gewonnene Anonymität zu testen, muss man zuerst seine eigene IP-Adresse feststellen.

Dazu gibt man in der Eingabeaufforderung den Befehl „ipconfig" (WinNT) oder „winipcfg"(Win9x) ein. Danach bekommt man die eigene IP-Adressen angezeigt.

Über eine Testseite, mit aktiviertem Proxy vergleicht man seine eigene IP mit der dort angegeben. Unterscheiden sich beide ist man anonym im Internet.

4.3 Antivirenprogramme

Der Ursprung aller Antivirenprogramme ist der Virenscanner. Dieser durchsucht alle Programme, Dateien, Dokumente und Systembereiche des Datenträgers nach sogenannten Virussignaturen.

Man unterscheidet zwischen On-Demand-Scannern und On-Access-Scannern.

On-Demand-Scanner untersuchen den Datenträger nur auf Befehl des Anwenders hin, während On-Access-Scanner, auch Wächterprogramme genannt, permanent im Hintergrund des Systems laufen und bei jedem Dateizugriff auf Viren prüfen.

Die Identifizierung eines Virus erfolgt dabei über das Signatur- oder Patternprinzip.

Bekannte Viren enthalten eine eindeutige Zeichenfolge über die sie erkannt werden können.[1]

Virenscanner haben jedoch das Problem, das sie nur Viren identifizieren, die sie auch kennen. Deshalb sollte man ständig darauf achten, dass die Patternliste (Virenliste) immer auf dem neuesten Stand ist. Die meisten gängigen Virenprogramme verfügen über eine automatische Updatefunktion oder geben eine Meldung aus, wenn die Patternliste nicht mehr auf dem aktuellen Stand ist.

---

[1] Hochschule für Wirtschaft, Luzern, Semesterarbeit in Grundlagen der Informatik, Wintersemester 2001/2002

Weitere Probleme verursachen modernere, sogenannte polymorphe Viren, die sich bei jeder Infektion verändern.

Modernere Virenscanner bedienen sich verschiedener Verfahren bei der Virenerkennung. Eine Möglichkeit ist das heuristische Verfahren, dabei wird nach virentypischem Programmcode gescannt. Ziel hier ist es unbekannte oder mutierte Viren zu erkennen. Die Scannzeit kann sich allerdings drastisch erhöhen, da geprüft werden muss ob erkannter Code zulässig ist oder nicht.

Eine weitere Möglichkeit ist der Behavior-Blocker, der wiederum im Hintergrund das System überwacht. Dieser überprüft mit Hilfe von Checklisten, welche Verhaltensweisen programmtypisch oder virentypisch sind.

Wird die Sicherheit des Systems verletzt, erfolgt also ein virentypisches Verhalten, stoppt der Behavior-Blocker die Ausführung des entsprechenden Programms.

Wie beim heuristischen Verfahren, ist auch hier ein Prüfalgorithmus für den Vergleich zwischen zulässigem und nicht zulässigem Programmcode verantwortlich.

Eine dritte Möglichkeit ist das Prüfsummenverfahren. Hier wird die Größe einer Datei als Prüfsumme gespeichert. Ändert sich die Größe einer Datei oder eines Programms, kommt es zu einer Warnmeldung, da die beiden Prüfsummen nicht mehr übereinstimmen.

Das Problem liegt allerdings in der Tatsache, dass viele Systemdateien ihre Größe ständig ändern, zum Beispiel durch die Installation neuer Software. Was wiederum zwangsläufig zu einer Meldung führt.

Dieses Verfahren eignet sich daher nur für Dateien die ihre Größe nicht ändern, zum Beispiel .EXE oder .COM Dateien.

Antivirenprogramme können Viren identifizieren und vom System entfernen. Sie können aber nicht verhindern, dass Systeme von Viren infiziert werden. Daher sollte man sich an einige Präventionsmaßnahmen halten. So sollte man die Benutzung von Datenträgern unbekannter Herkunft vermeiden, diese können sogenannte Bootviren enthalten die durch booten des Systems aktiviert werden.

Zu jeder guten Virenpräventionsmaßnahme sollte eine Notfalldiskette gehören, auf der das Master Boot Record, Partition Table und Bootsektor gespeichert sind. Viele gute Antivirenprogramme stellen heute dem Anwender eine Funktion zum Erstellen einer solchen Notfalldiskette zur Verfügung. Diese sehr nützliche Dienstleistung wird in der Praxis vom Anwender oftmals nicht beachtet. Existiert eine solche Notfalldiskette, so kann man mit dem Programm, welches die Diskette angelegt hat, alle Systemsektoren wieder auf die Festplatte kopieren. Dies stellt sicher, dass beim Kopiervorgang des Bootsektor-

Virus überschrieben wird und das mit dem Originalinhalt der entsprechenden Sektoren weitergearbeitet wird.

Sollte das System dennoch mit einem Virus infiziert worden sein und das Virenprogramm hat das auch ordnungsgemäß gemeldet, ist es nicht empfehlenswert, die infizierte Datei sofort zu löschen. Es könnte sich um eine Wichtige Systemdatei handeln ohne die das System nur noch fehlerhaft oder gar nicht mehr läuft. Zuerst sollte sie einer Analyse unterzogen werden und wenn möglich durch die Originaldatei ersetzt werden.

4.4 Antispyware

Ein weiteres Problem der eigenen Datensicherheit ist das immer häufigere Auftreten von sogenannter Spyware auf heimischen Systemen. Dabei handelt es sich um kleine Programme, die unbemerkt beim surfen durchs Internet oder beim Download von anderen Programmen auf den eigenen PC gelangen. Einmal installiert, beginnen sie Informationen über den „befallenen" User zu senden, sobald eine Verbindung zum Internet besteht. Dabei können auch vertrauliche Information wie die Emailadresse oder eventuell gespeicherte PIN-Codes und dergleichen ins Internet weitergegeben werden. Der User merkt davon meist nichts.

Ausgenutzt werden solche Informationen von Hackern oder Firmen, die solche Daten sammeln und weiterverkaufen, um für Werbung oder ähnliches missbraucht zu werden.

Jeder kennt dieses Phänomen, wenn man ungefragt duzende von Werbemails bekommt, welche ihrerseits wiederum Spyware, Dialer und dergleichen enthalten.

Allgemein kann man sagen, Spyware ist eine Technologie, um Information über Personen oder Firmen zu erfassen.

Mit Spyware verseuchte Programme können also Nutzerdaten ungefragt weitergeben. Häufig beinhalten solche Programme auch heimliche, automatische Update-Funktionen. Software kann so, unbemerkt von User, online verifiziert werden.

Es existiert auch Spyware, welche die Möglichkeit hat, Tastatureingaben mitzuschreiben und somit auch ID's, Passwörter und Kreditkartennummern.

Die gefährlichste Art von Spyware ließt Informationen zu Festplatteninhalten oder Registryeinträgen aus. Der Empfänger erhält somit ein komplettes Nutzerprofil und Informationen über installierte Programme und deren Konfiguration. Die folgende Tabelle zeigt Möglichkeiten und Techniken um Surfgewohnheiten des Users zu sammeln und wie man dagegen vorgehen kann.

Techniken	Gegenmaßnahmen
Cookies Cookies ("Kekse") sind kleine Textdateien, die beim Besuch einer Website auf Ihrem Computer abgelegt werden und beim zweiten Besuch vom Bereitsteller der Homepage gelesen werden können. Sie beinhalten entweder Informationen vom Server der besuchten Webseite oder Angaben die der Surfer macht.	- Browser Policies - Datenschutz einstellungen
Clear-GIF's aka. Web-Bugs Web-Bugs oder auch "clear GIFs" sind meist kleine, 1*1 Pixel große GIF Dateien, die in anderen Grafiken, E-Mails, o.ä. versteckt werden können. Sie ermöglichen ein Tracking des Benutzers, indem sie seine IP-Adresse, besuchte URL, Datum/Uhrzeit, sein Browsertyp sowie zuvor gesetzte Cookie-Informationen an einen Web-Server übermitteln.	- blocken „berüchtigter" Domains
Banner-Ads ähnlich wie Clear-Gif's. Problem: Banner-Ads stammen meist von einem Dritt-Server, an welchem mehrere Firmen angeschlossen sind. Für diese Dritt-Firma ist es ein Kinderspiel, Surfgewohnheiten festzustellen.	- blocken „berüchtigter" Domains
Phonehome-Programme Darunter versteht man Software, die nach dem Spyware-Prinzip unbemerkt über das Internet Kontakt zu seinem Hersteller aufnimmt, Seriennummer weitermeldet und abgleicht, oder unerwünscht nach Updates anfragt.	- Firewall rules LAN>WAN - Beachten von Lizenzbedingungen
BHO Ein „Browser Helper Object" ist eine DLL, die es dem Entwickler erlaubt, Plugins für Internet Explorer zu schreiben und IE komplett zu kontrollieren. Die API ist ziemlich komfortabel. Beispiele sind Toolbars, Alexa, GetRight, Go!Zilla oder die Einbettung von Adobe Acrobat Reader.	- BHO's komplett ausschalten - Userberechtigungen

4.d Tabelle Techniken/Gegenmaßnahmen[1]

Möglichkeiten zum Download von Antispyware-Tools findet man in der folgenden Linkliste:

http://www.lavasoft.de/ - Ad-Aware, Lavasoft
http://www.pestpatrol.com/ - PestPatrol
http://grc.com/optout.htm/ - OptOut

---

[1] Claudia Bernath, Sandra Gubler, Problemlösungen im Informatikalltag
Cornelia Ruser, Philip Iezzi SS2003, Fallstudie 2

4.5 Verschlüsselungstechniken

Es existieren zwei grundlegende Verfahren um Daten im Internet verschlüsselt zu übertragen, symmetrische und asymmetrische Verschlüsselung.

Bei symmetrischer Verschlüsselung ist der Verschlüsselungsschlüssel und Entschlüsselungsschlüssel gleich. Bei der asymmetrischen Verschlüsselung sind die beiden Schlüssel jedoch voneinander verschieden. Grundlegend kann man sagen, dass die Bewertung von Sicherheitsschlüsseln abhängig ist von der Schlüssellänge sowie der Art der verwendeten Verschlüsselungsalgorithmen.

Bei der symmetrischen Verschlüsselung nutzen Sender und Empfänger jeweils den gleichen Schlüssel, das Problem dabei ist jedoch, wie die Gegenpartei an den sicheren Schlüssel kommt. Netscape entwickelte dafür das SSL-Verfahren (Secure Socket Layer), welches heutzutage in jedem modernem Browser integriert ist.

Stößt der User dabei auf eine Internetseite deren nachfolgenden Seiten verschlüsselt sind, schickt der Server eine Meldung, dass es sich um einen abgesicherten Bereich handelt und schickt einen öffentlichen Schlüssel für asymmetrische Verschlüsselung. Der Browser generiert daraufhin eine Zufallszahl für einen symmetrischen Schlüssel. Dieser wird daraufhin, mit dem öffentlichen Schlüssel verschlüsselt, an den Server zurückgeschickt.

Alle folgenden Daten werden dann mit der vom Browser erstellten Zufallszahl in symmetrischer Verschlüsselung gesendet.

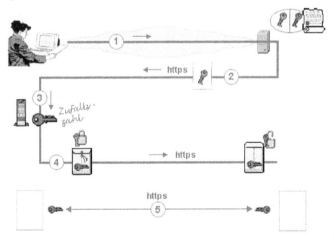

4.e symmetrische Verschlüsselung

Die Schlüsselstärke bei SSL wird meist aus 40, 56 oder 128 Bit generiert. SSL ist allerdings weniger sicher als eine asymmetrische Verschlüsselung.

Die asymmetrische Verschlüsselung wurde 1978 von drei Studenten namens Ronald Rivest, Adi Shamir und Leonard Adelmann entwickelt. Lange wurde dieser vom israelischen Geheimdienst Mossat genutzt. Bei der asymmetrischen Verschlüsselung haben Sender und Empfänger je ein Paar Schlüssel. Diese werden von sogenannten Zertifizierungsstellen generiert und zertifiziert. Es handelt sich dabei um einen öffentlichen Schlüssel, der im Trustcenter[1] hinterlegt wird und öffentlich einsehbar ist und einem privaten Schlüssel der nur dem Besitzer bekannt ist.

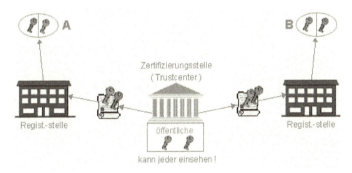

4.f asymmetrische Verschlüsselung

Die einzelnen Schlüsselpaare haben dabei einen mathematischen Bezug zueinander. Der Sender verschlüsselt seine Botschaft zuerst mit seinem privaten Schlüssel und dann zusätzlich mit dem öffentlichen Schlüssel des Empfängers.

Der Empfänger entschlüsselt die Botschaft danach in umgekehrter Reihenfolge, zuerst mit seinem privaten Schlüssel und danach mit dem öffentlichen Schlüssel des Senders.

Die Bitlänge der Schlüssel beträgt hier mindestens 512 Bit, was die Übertragung der Daten entsprechen verlängert. Eine derartige Verschlüsselung wird meist im Macro-Payment eingesetzt.

---

[1] generiert Schlüsselpaar und leitet diesen an den Teilnehmer weiter, stellt einen öffentlichen Schlüssel bereit der öffentlich zugänglich ist, bestätigt Echtheit und Gültigkeit einer Signatur und führt Sperrlisten über ungültige Signaturen

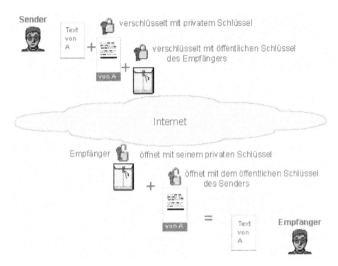

4.g asymmetrische Verschlüsselung im Macro -Payment

Hier setzt auch das SET-Verfahren an, welches für sicheres bezahlen im Internet von VISA und EUROCARD/MasterCard unter Beteiligung unter anderem von Netscape, IBM und Microsoft entwickelt wurde.

Durch den Einsatz von digitalen Zertifikaten werden der Karteninhaber und der Händler eindeutig identifiziert. Alle Teilnehmer werden einmalig zertifiziert und erhalten je ein Softwarepaket.Der Kunde installiert ein Browserplugin und der Händler betreibt einen eigenen Server mit einer sogenannten Shop&Buy-Software und einer zusätzlichen SET-Software.

Die Kartenorganisation betreibt ein Autorisierungsystem und als Bindeglied zu Internet den SET Payment-Gateway. Alle drei Systeme arbeiten dabei zusammen.

„Das SET-Wallet des Kunden ist seine elektronische Brieftasche im Browser. Entscheidet er sich beim Surfen im Internet zum Kauf eines Produkts und wählt die Bezahlung mit SET, dann öffnet sich im Browser ein neues Fenster, das Wallet mit den Kreditkarten, welches mit dem persönlich gewählten Passwort gesichert ist. Die Rechnung des Händlers wird dem Kunden angezeigt und auf seinem PC abgelegt, so dass er sie später jederzeit kontrollieren und ausdrucken kann. Ist alles in Ordnung, so wählt er die gewünschte Karte aus und bezahlt mit ihr. Nun schickt die Wallet-Software der SET-Software des Händlers die Kartennummer, den Betrag und weitere Zahlungsdetails. Die Informationen sind mit seinem SET-Zertifikat digital signiert und in einem elektronischen

Kuvert so verpackt, dass nur der Payment Gateway sie entschlüsseln kann. Die Händlersoftware leitet dieses verschlossene Kuvert sowie seine eigene Version der Zahlungsdetails - ebenfalls digital signiert und verschlossen - an den SET Payment Gateway weiter. Dieser öffnet beide Kuverts, prüft die Signaturen beider Absender und die Kartennummer des Kunden und vergleicht die Zahlungsdetails. Wenn alles übereinstimmt und Kunde sowie Händler sich über den Betrag und die Zahlungsdetails einig sind, dann verlangt der SET Payment Gateway beim Autorisations-System eine Kartenüberprüfung. Dieses vergewissert sich zuerst, dass der Händler ein registrierter Vertragspartner der Kartenorganisation ist. Danach verifiziert es, dass die Karte gültig und für die Zahlung gut ist. Abschließend erhält der Händler grünes Licht sowie die Zahlungsgarantie."[1]

Traum oder Realität (Fazit)

Betrachtet man die in Vorfeld dargestellten Fakten so kommt man zu dem Schluss, dass die Gefahren und Angriffe die sich mit der Nutzung des Internet ergeben ein breites Spektrum bilden. Um den Überblick und den höchst möglichen Sicherheitsstandard zu behalten wäre es notwendig sich und sein System permanent auf den neuesten Stand zu bringen. Das allein überfordert aber die meisten Internetbenutzer. Außerdem muss betont werden, dass es ein absolut sicheres System nicht gibt. Es sei denn man schottet es komplett von anderen Netzwerken ab, was aber wiederum eine Nutzung des Internet praktisch unmöglich und daher keinen Sinn macht.

Zuerst sollte man überlegen, wen oder was es zu schützen gilt, und wie hoch ist das Risiko, das dritte versuchen könnten in mein System einzudringen. Wen interessieren schon die Urlaubsfotos oder die private Post von Otto-Normal-User. Andererseits könnten firmeninterne Informationen oder Kundedaten für Konkurrenzunternehmen von hohem wirtschaftlichen Wert und Interesse sein. Hier sollte daher das Gefahrenpotential genau abgeschätzt werden. So lohnt der Einsatz einer Firewall auf Hardwarebasis bei einer Firma die mit sensiblen Daten umgeht allemal. Beim privaten Anwender wäre das wohl eher so als schieße man mit Kanonen auf Spatzen.

Es gilt jedoch einige grundlegende Dinge zu beachten um ein Mindestmaß an Sicherheit zu gewährleisten. Wichtig sind hier vor allem die Einstellungen in der benutzten Internetsoftware. Wer seine Sicherheitsstufe im Browser auf niedrigstes Niveau stellt, ist selbst daran schuld, wenn er von Dialern oder aktiven Inhalten geplagt wird.

---

[1] http://www.at-mix.at, Stand 22.07.2003

Man sollte auch beachten wer Zugang zum System oder Internet hat und mit welchen Rechten derjenige dabei angemeldet ist. Allein aus Gründen des Jugendschutzes sollten Kinder nur mit eingeschränkten Rechten ins Internet gehen dürfen. Um sich vor Viren und Trojanischen Pferden zu schützen ist es ratsam Emails mit unbekannter Herkunft zu löschen und auf Downloads aus dem Internet weitestgehend zu verzichten. Maßgebend ist auch die Aktualität einer Software für die Sicherheit. Ein regelmäßiges Update der Internetsoftware sowie die ständige Aktualisierung des Virenwächters sollten zum Standard gehören. Die meisten Programme bieten einem die Möglichkeit, dass diese Aufgaben automatisch vom System übernommen werden. Beachtet man diese grundlegenden Richtlinien ist man beim surfen im Internet auf der sicheren Seite.

Wortanzahl: 9543

Quellenverzeichnis

Literatur:

Hacker's Guide - Sicherheit im Internet und im lokalen Netz - , anonymus, 1999, Markt&Technik Buch und Software-Verlag GmbH, ISBN 3-8272-5460-4

Hacker Contest, Markus Schumacher, Utz Rödig, Marie-Luise Moschgath, 2003, Springerverlag Berlin Heidelberg, ISBN 3-540-41164-X

Netzwerksicherheit, Christoph Busch, Stephen D. Wolthusen, 2002, Spektrum Akademischer Verlag GmbH, ISBN 3-8274-1373-7

Der BROCKHAUS, Verlag F.A. Brockhaus GmbH, Leipzig – Mannheim, 1998

Problemlösungen im Informatikalltag, Claudia Bernath, Sandra Gubler, Cornelia Ruser, Philip Iezzi SS2003, Fallstudie 2, Format PDF

Semesterarbeit in Grundlagen der Informatik, Hochschule für Wirtschaft, Luzern, Wintersemester 2001/2002, Format PDF

Internet:

http://spam.trash.net/was.shtml , Stand 21.03.
http://www.zdnet.de/downloads , Stand 20.05.2003
http://www.at-mix.at, Stand 22.07.2003
http://www.bsi.de
http://www.bsi-fuer.buerger.de